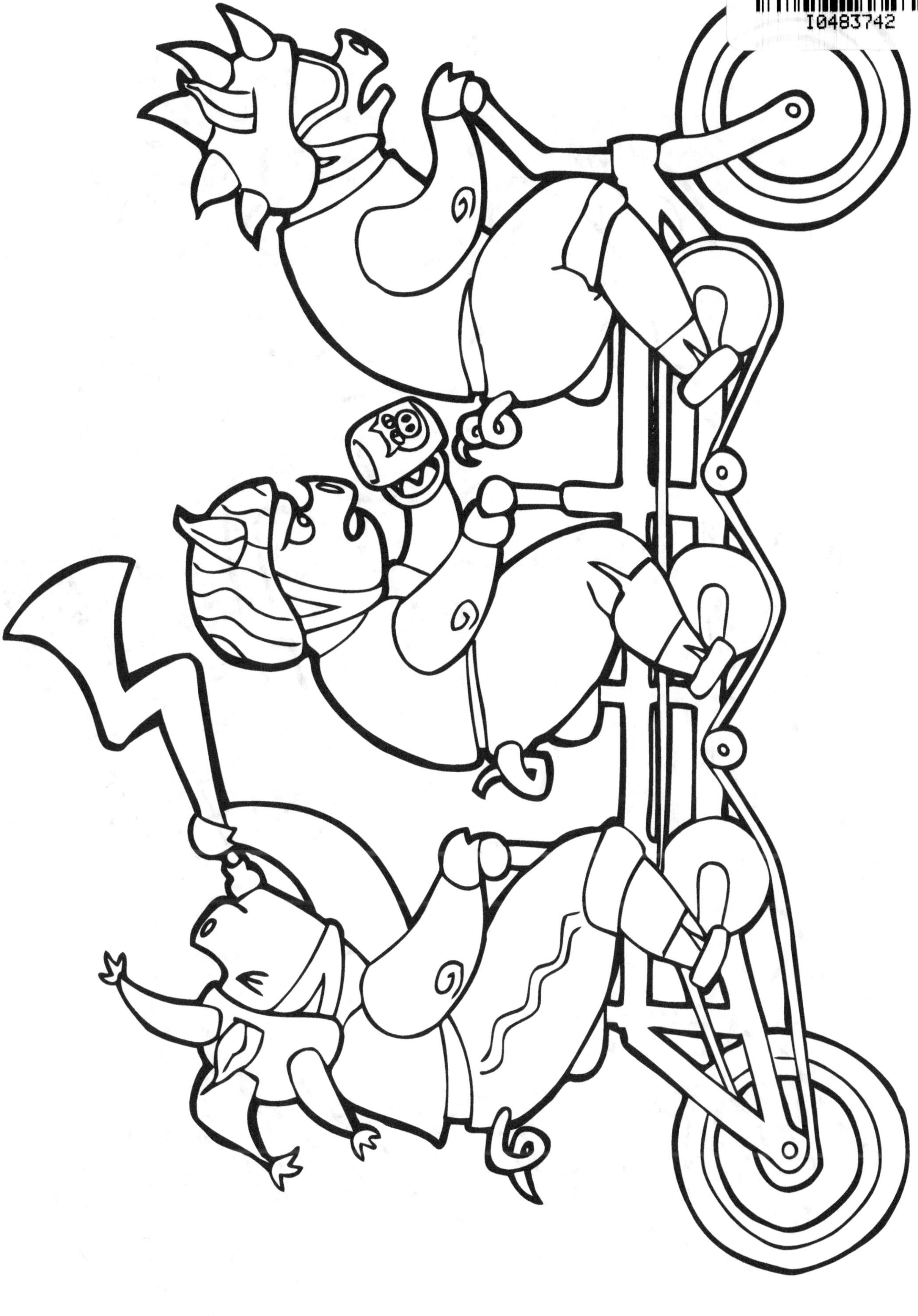

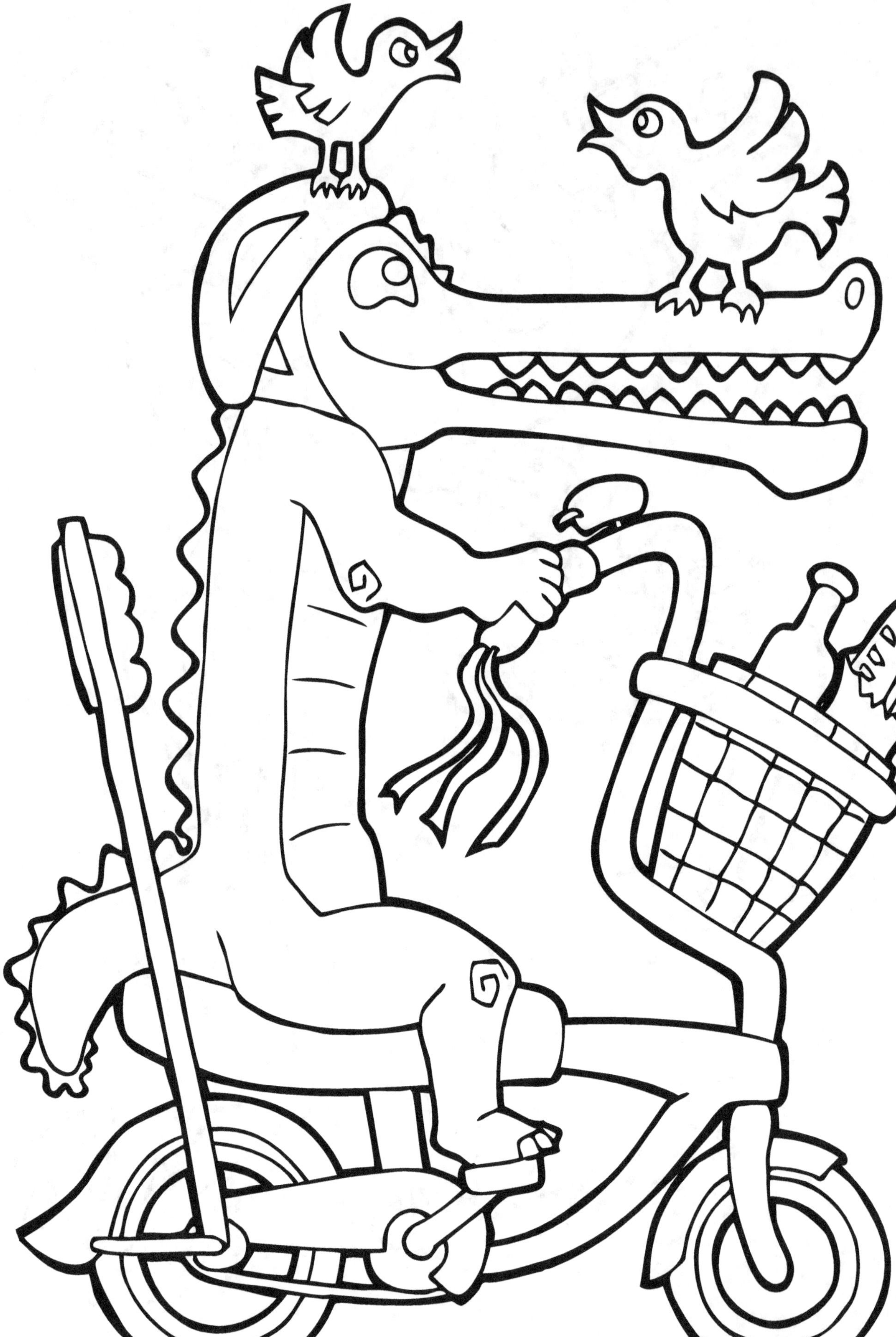

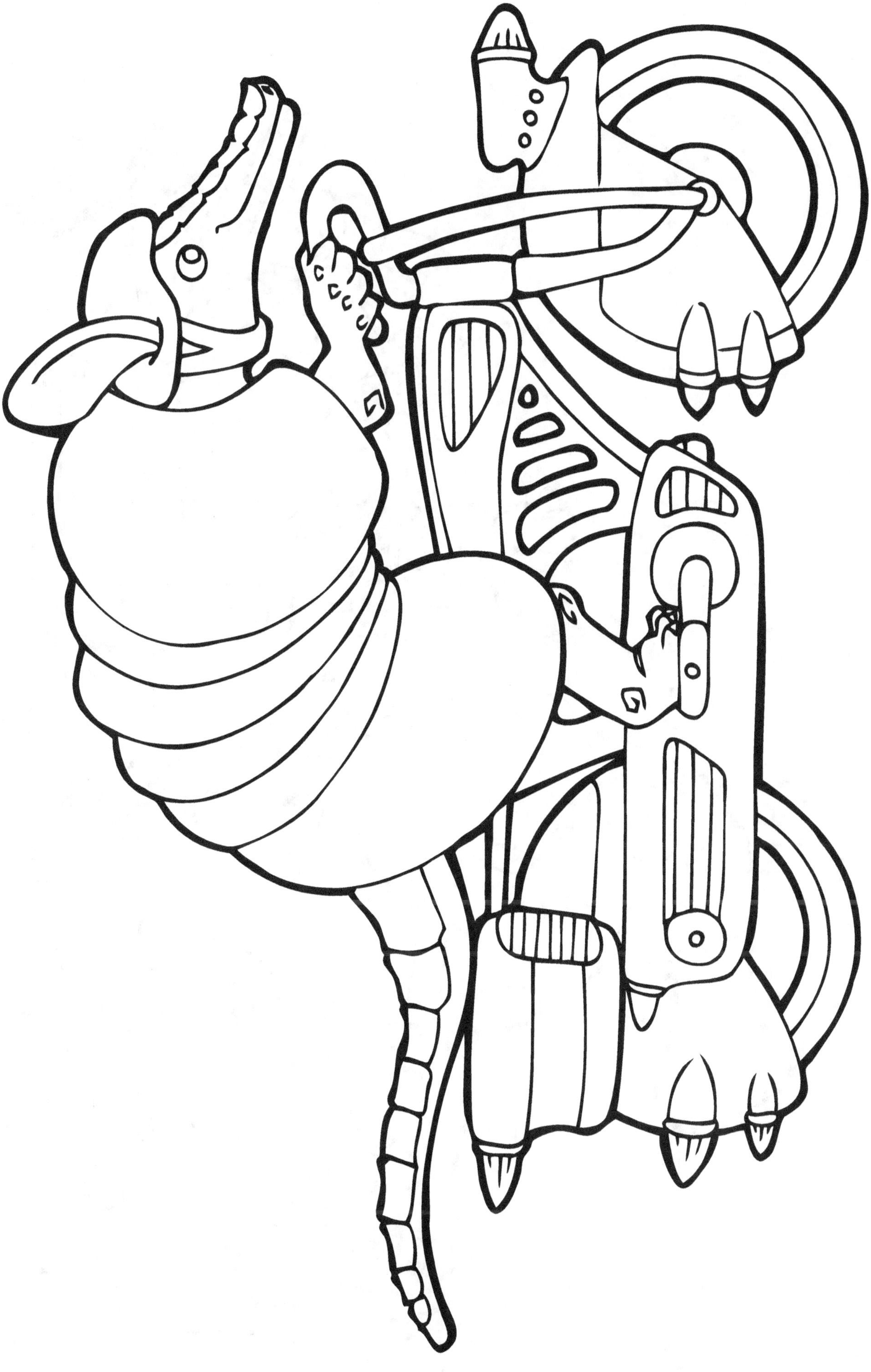

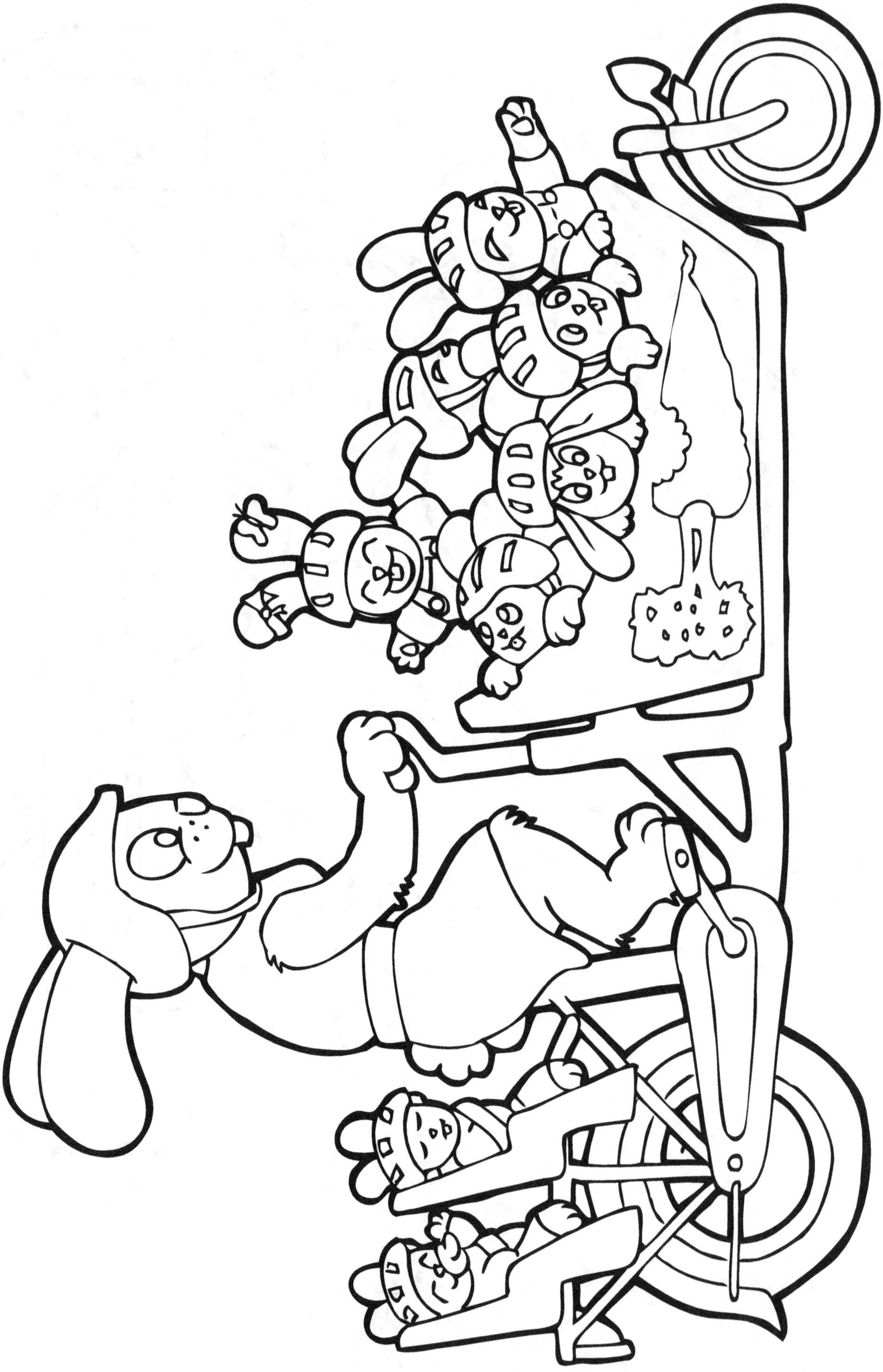

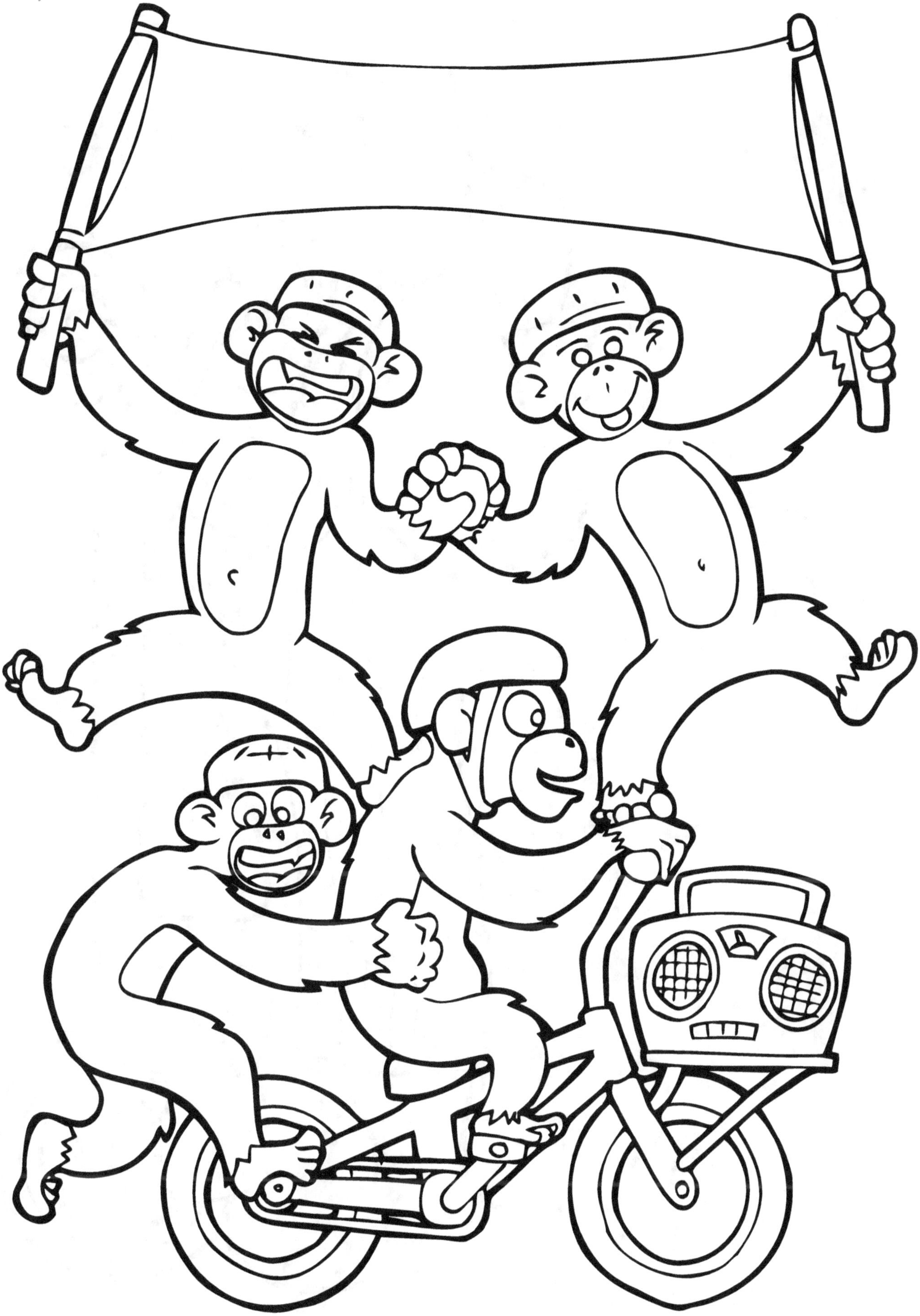

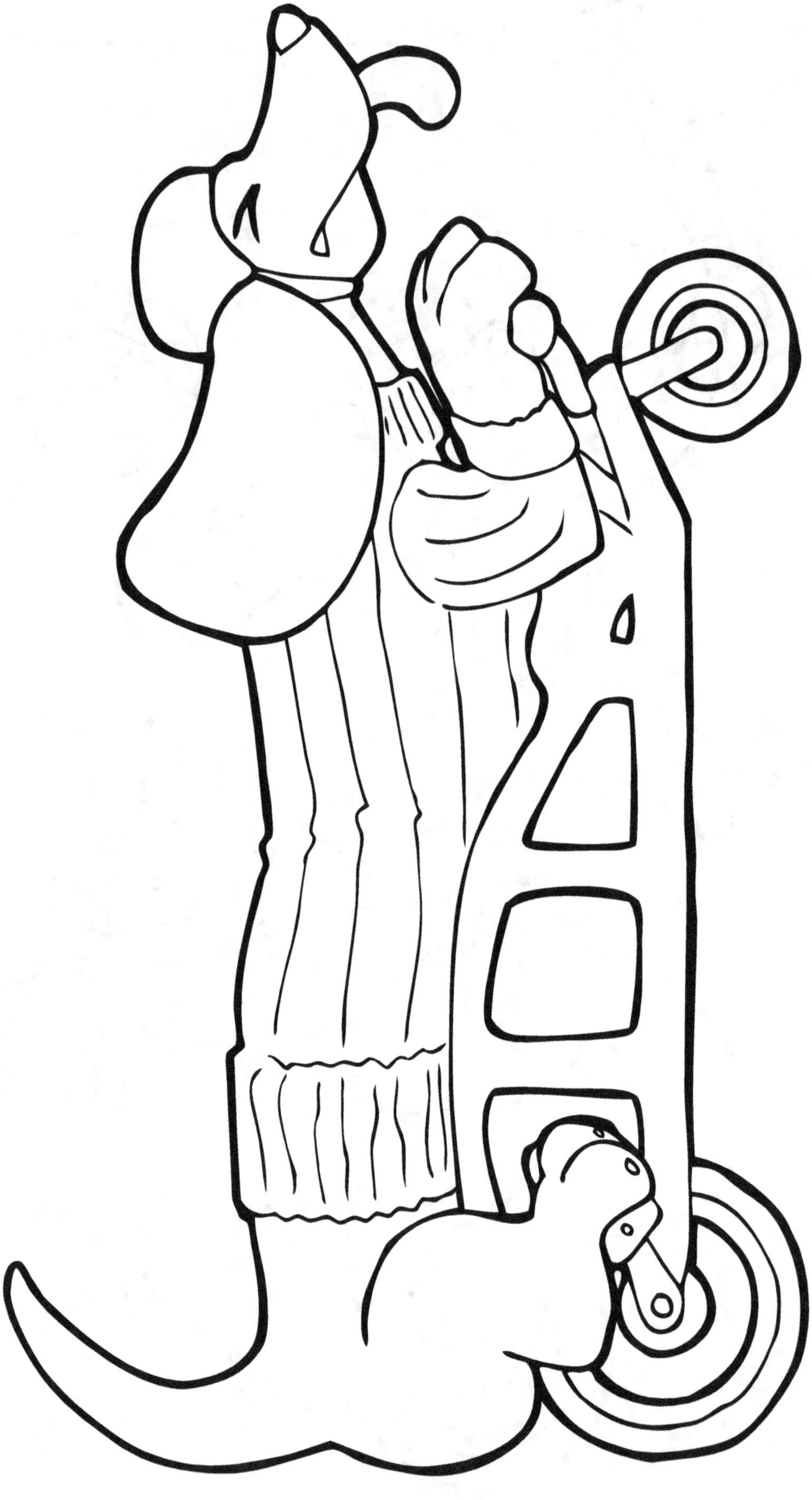

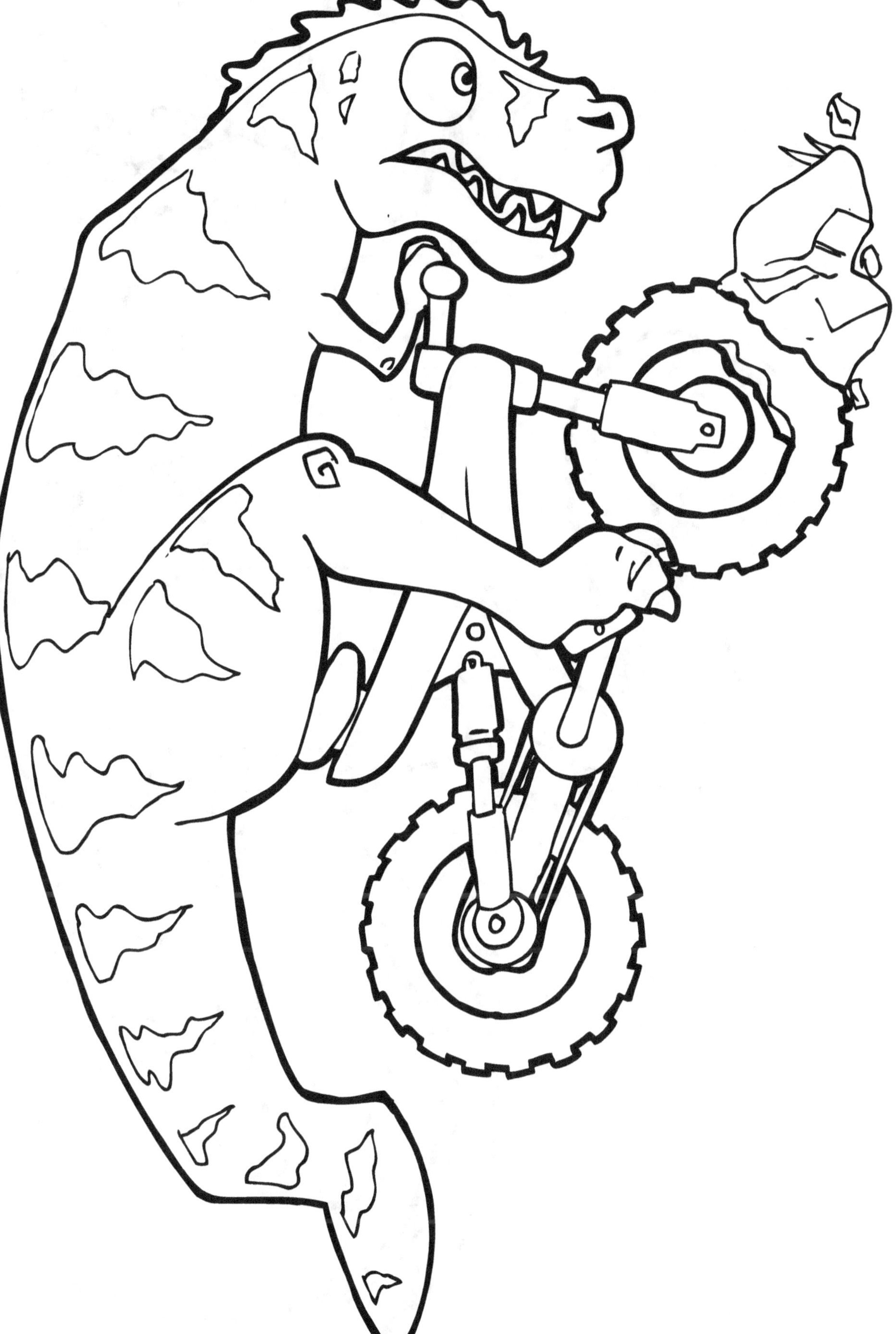

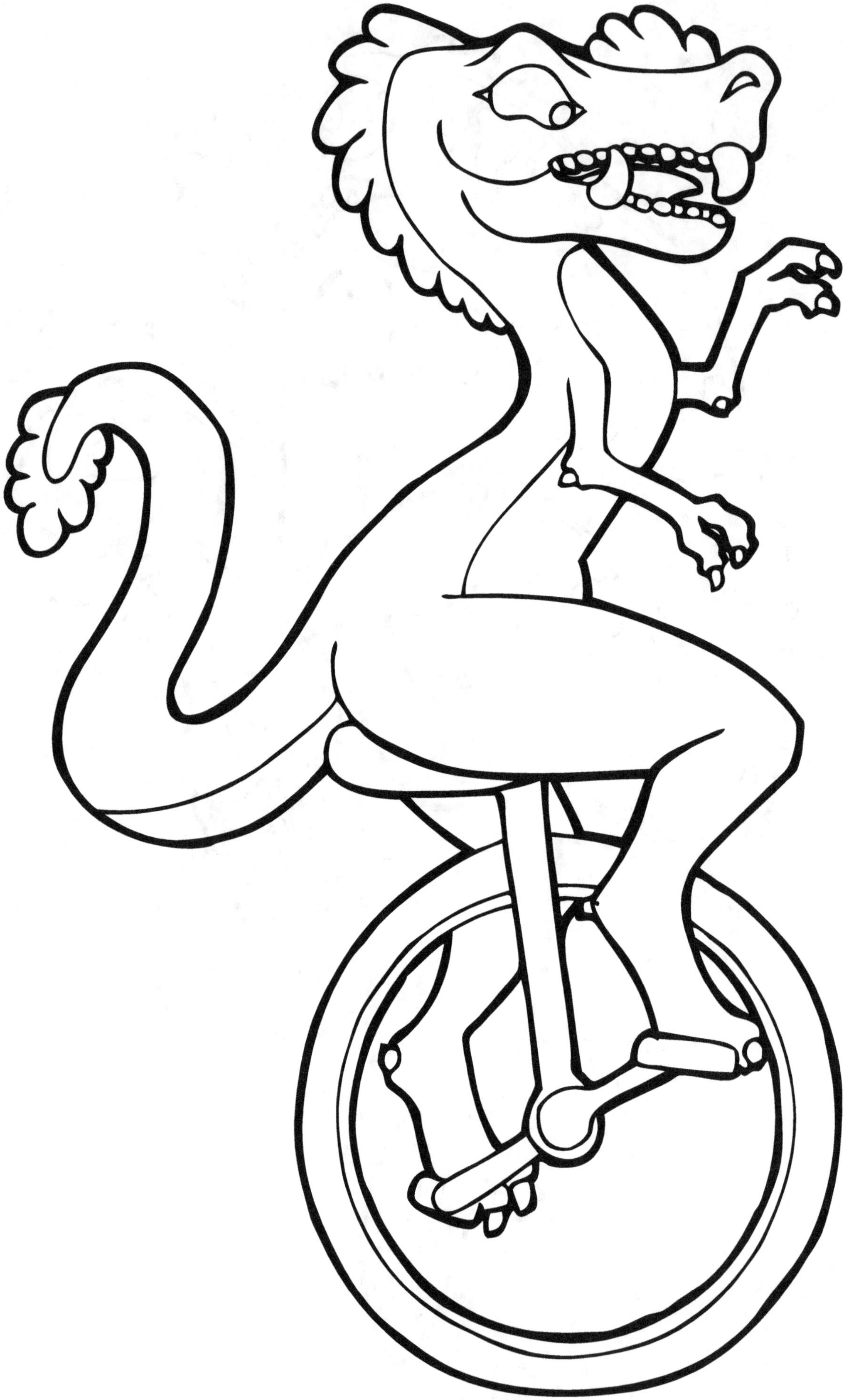

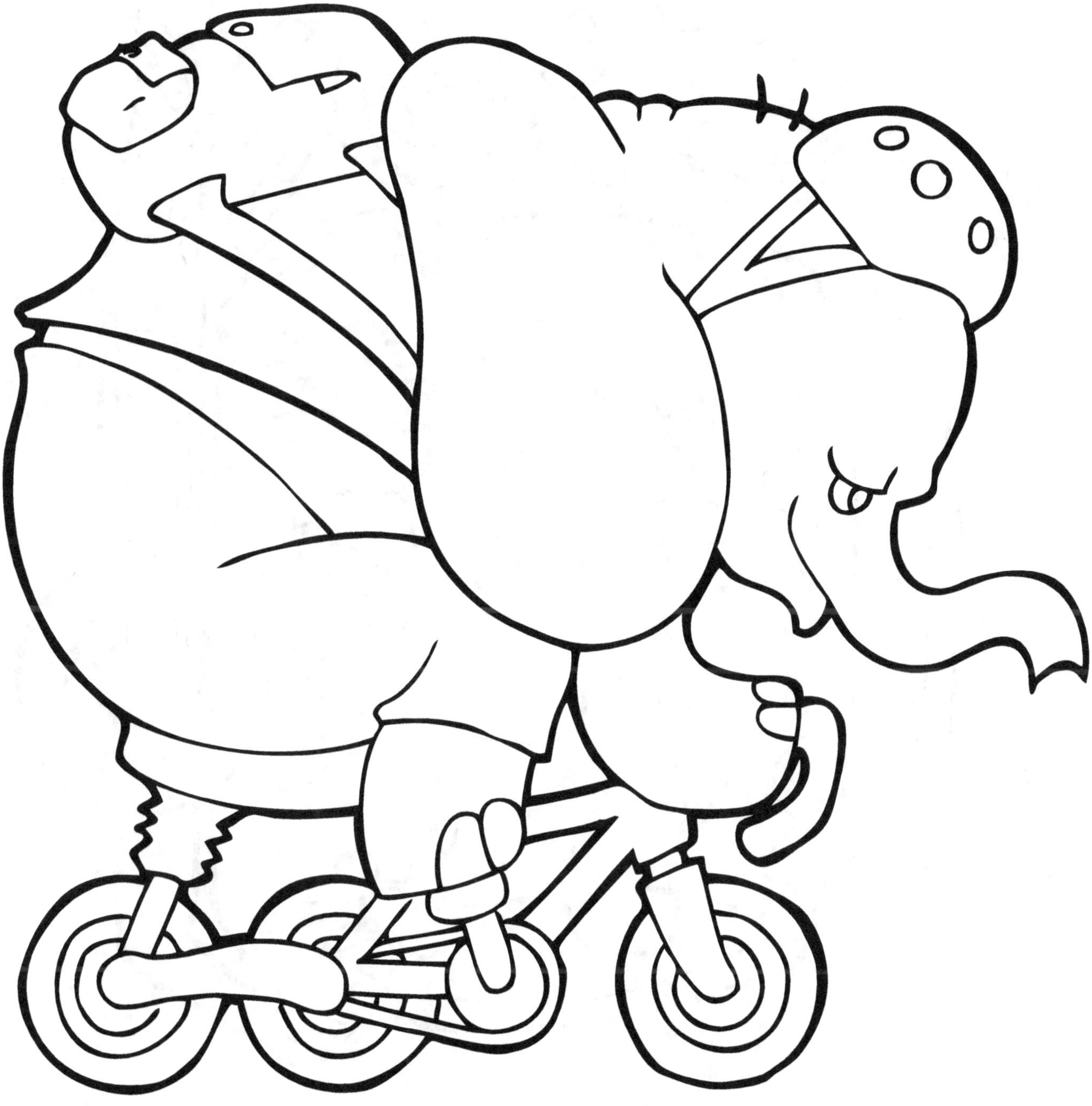

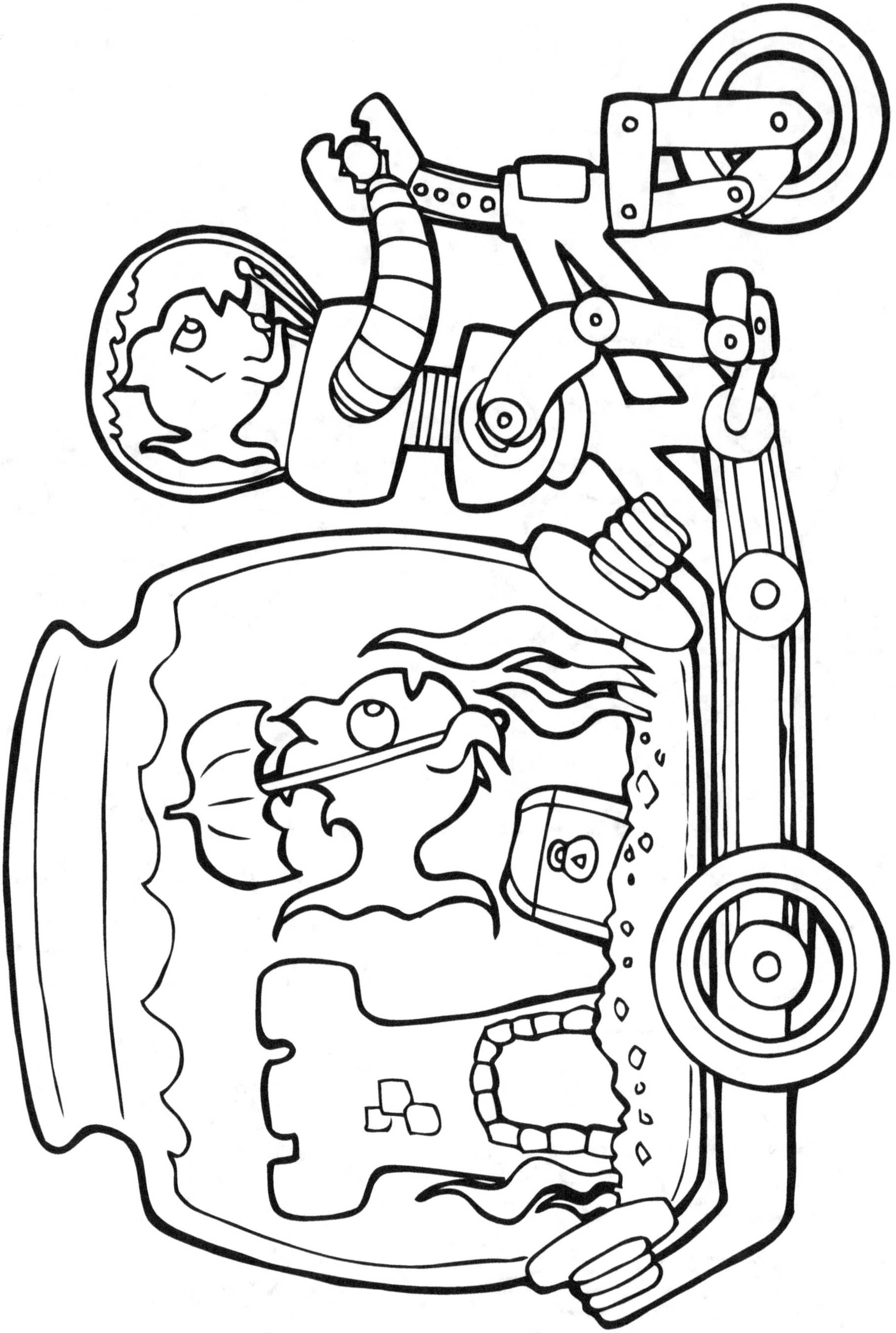

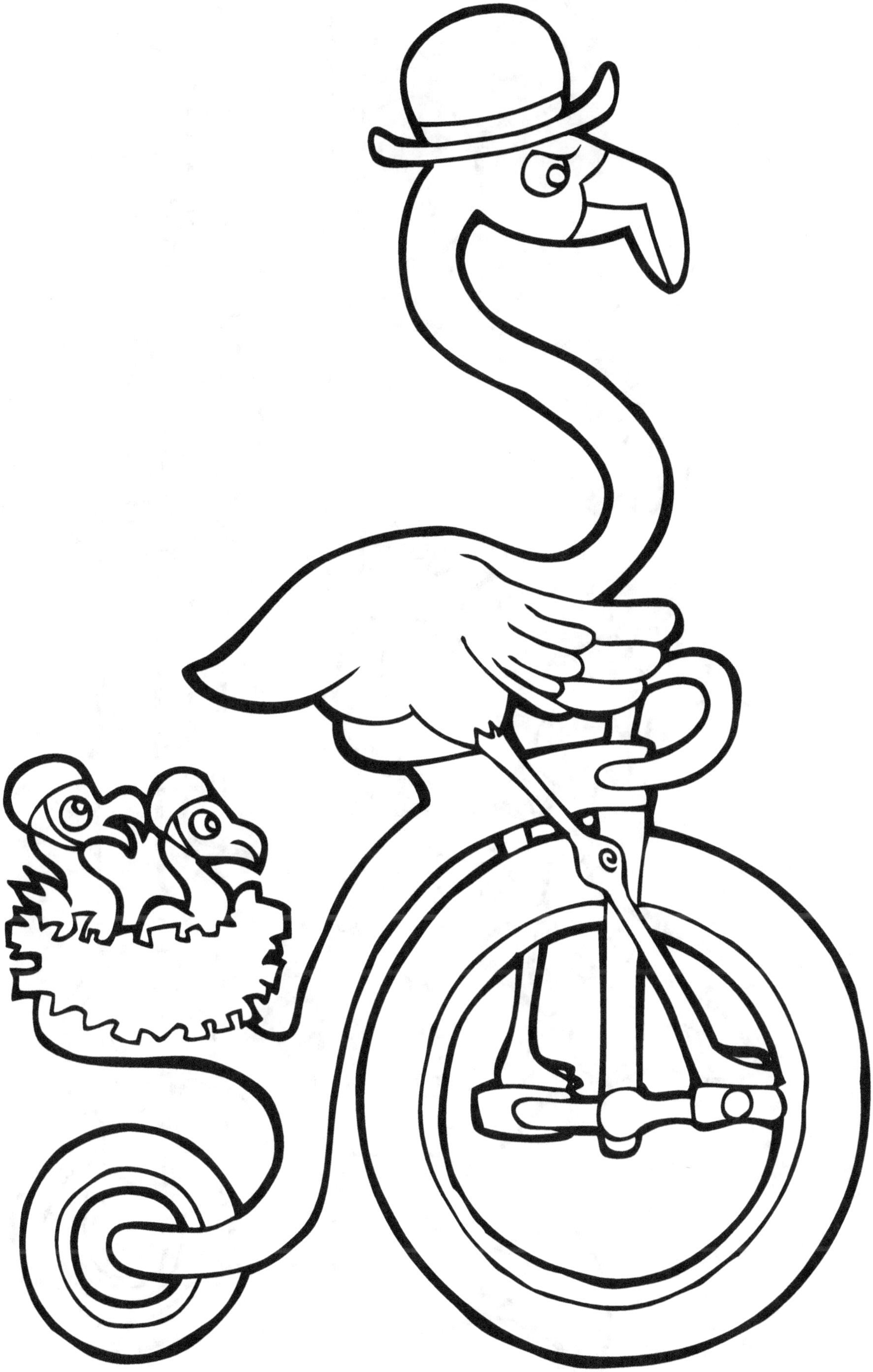

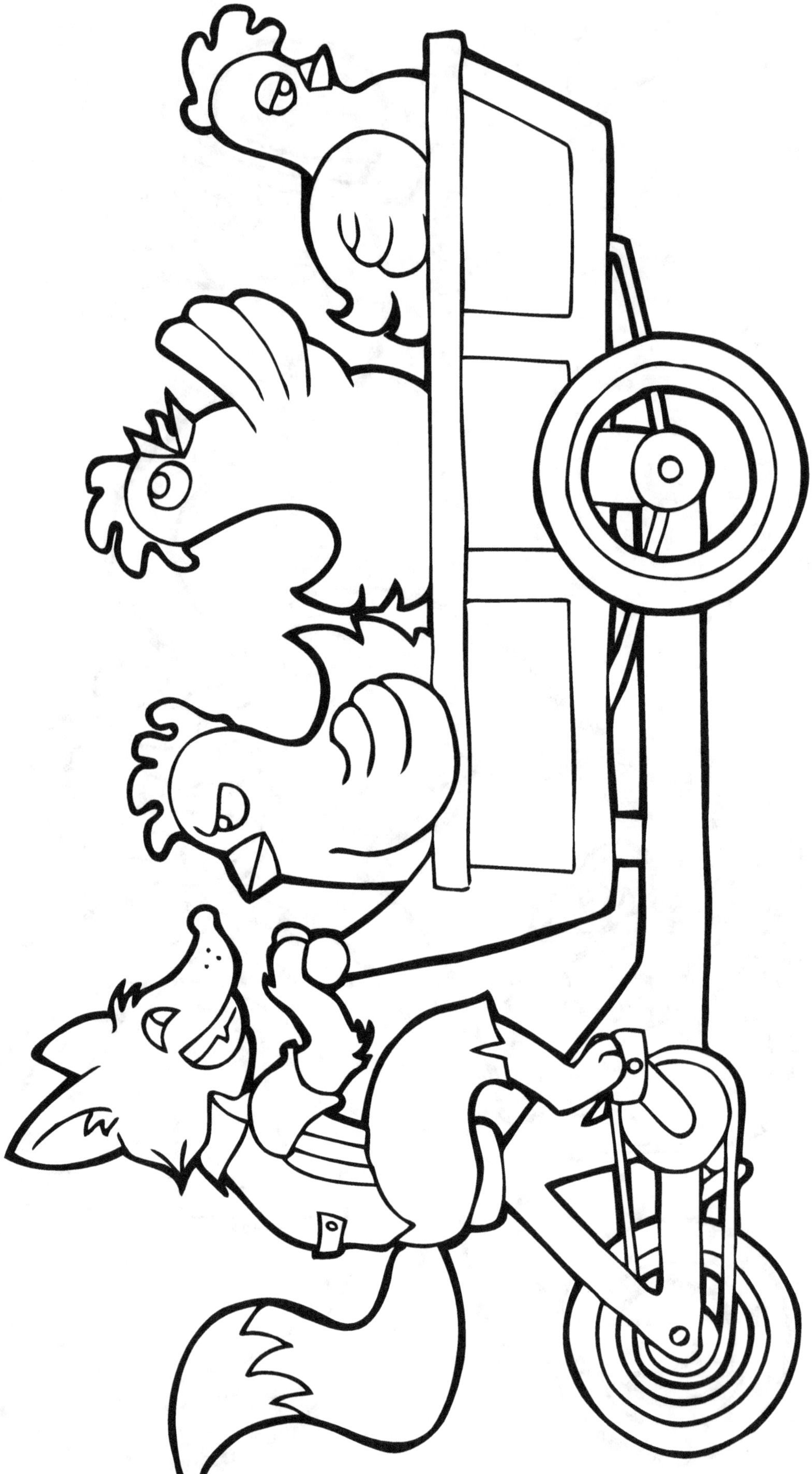

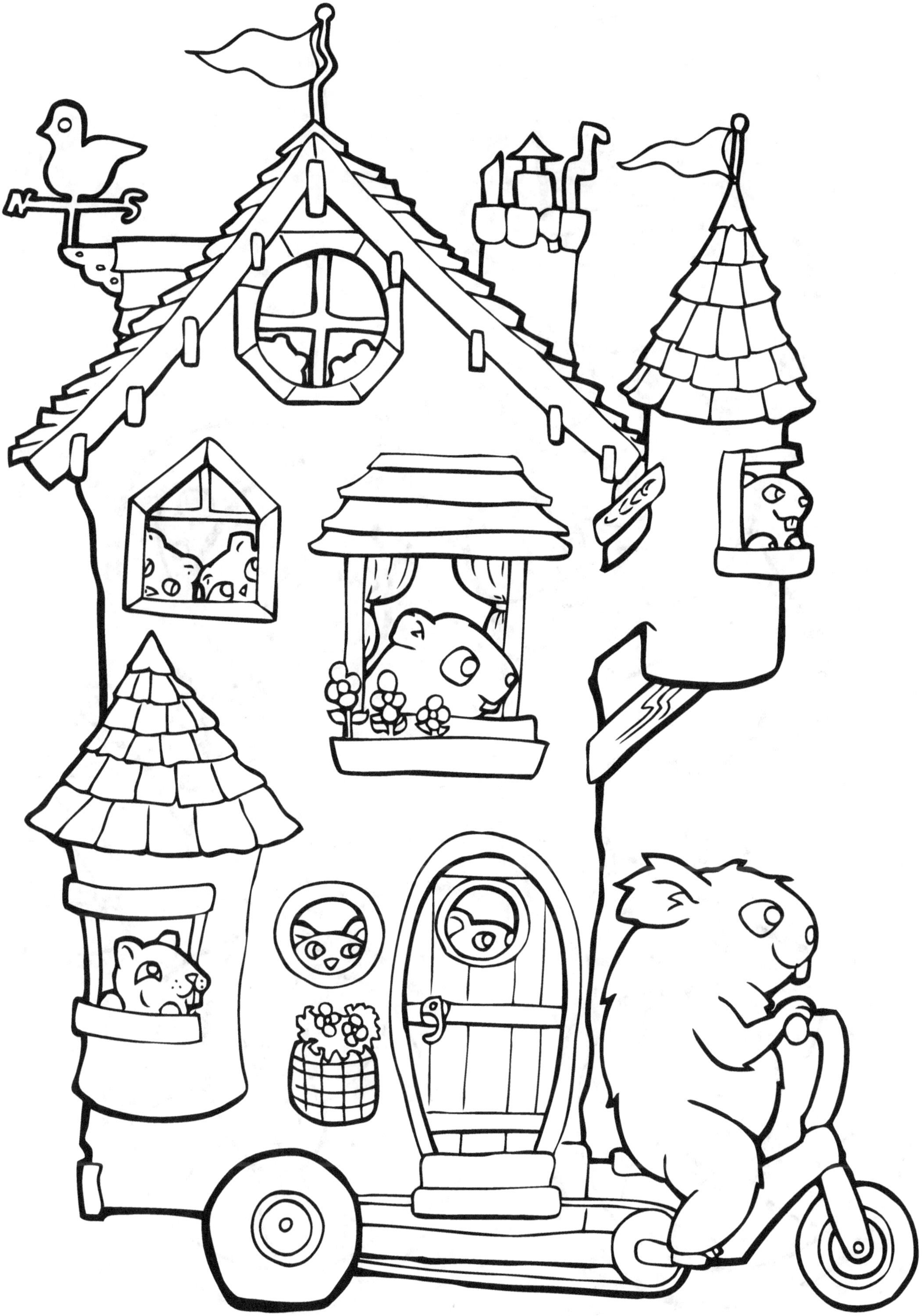

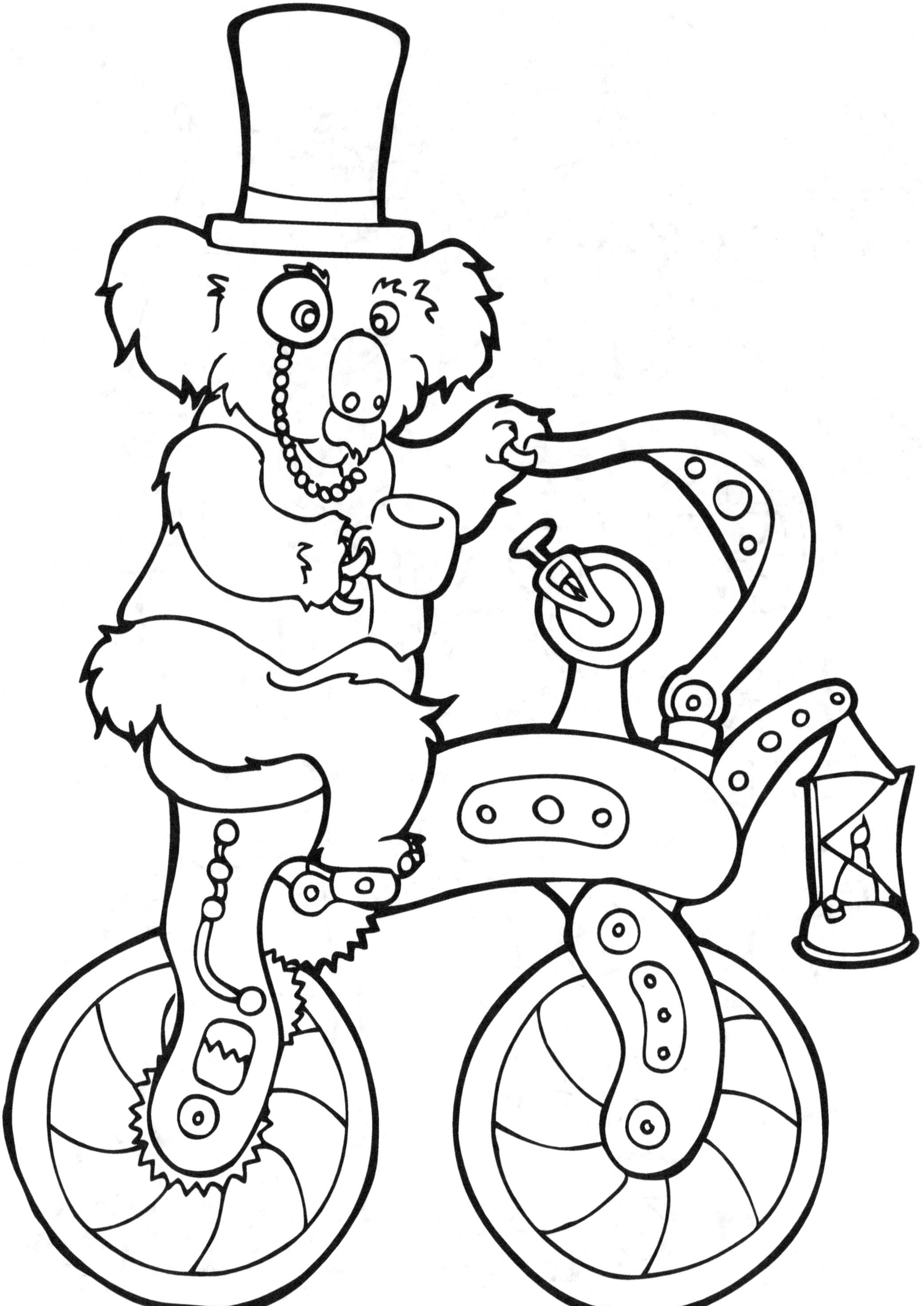

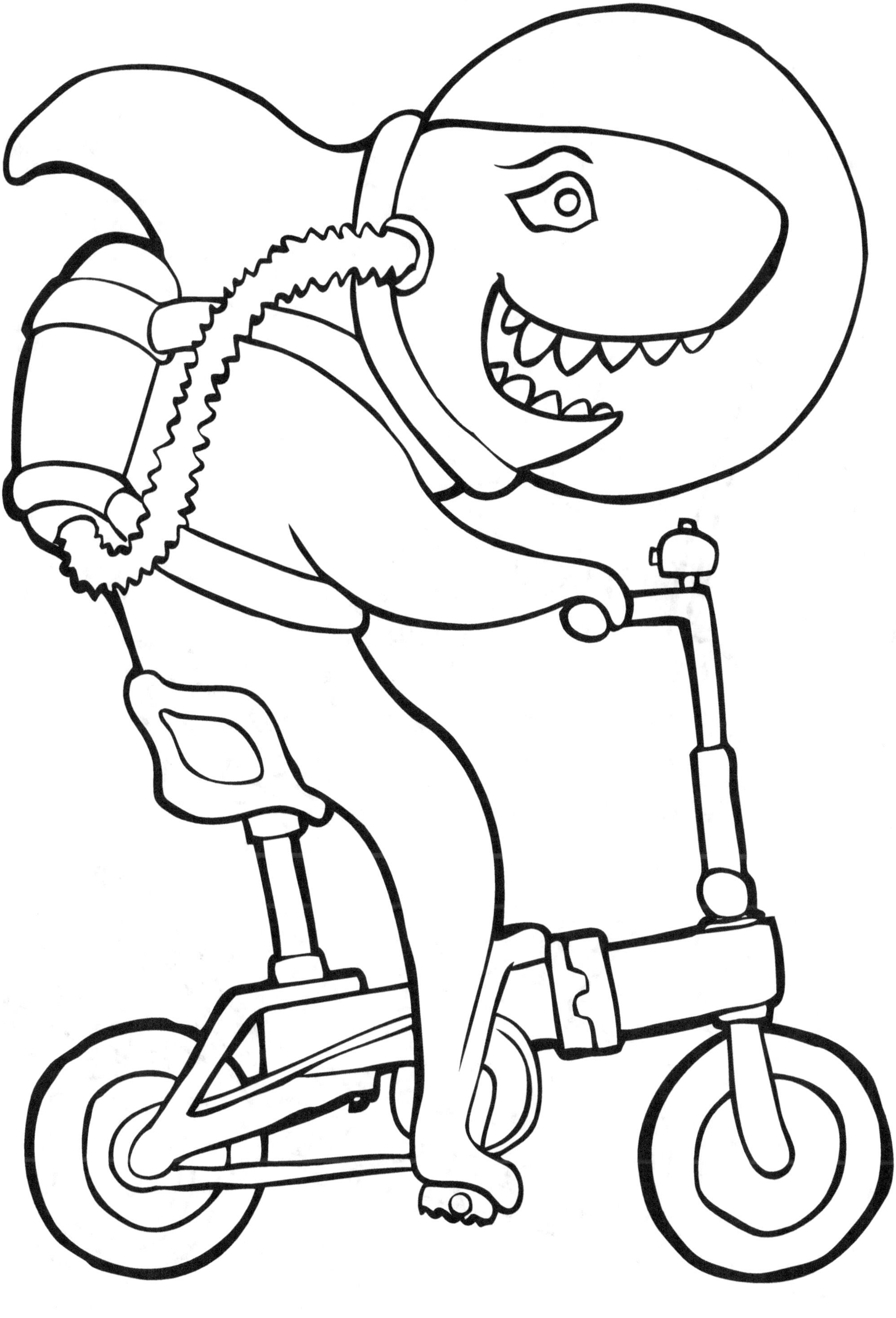

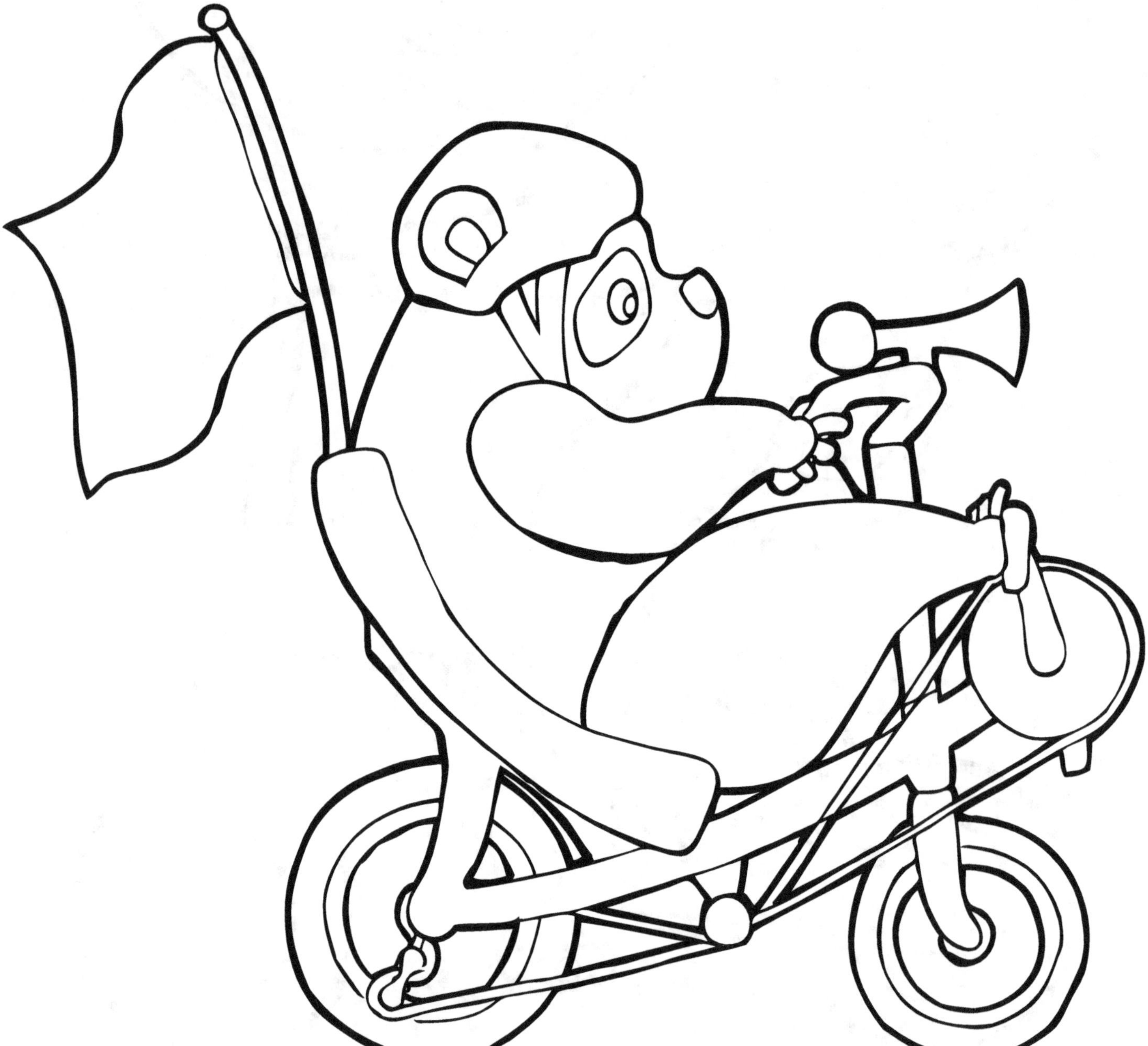

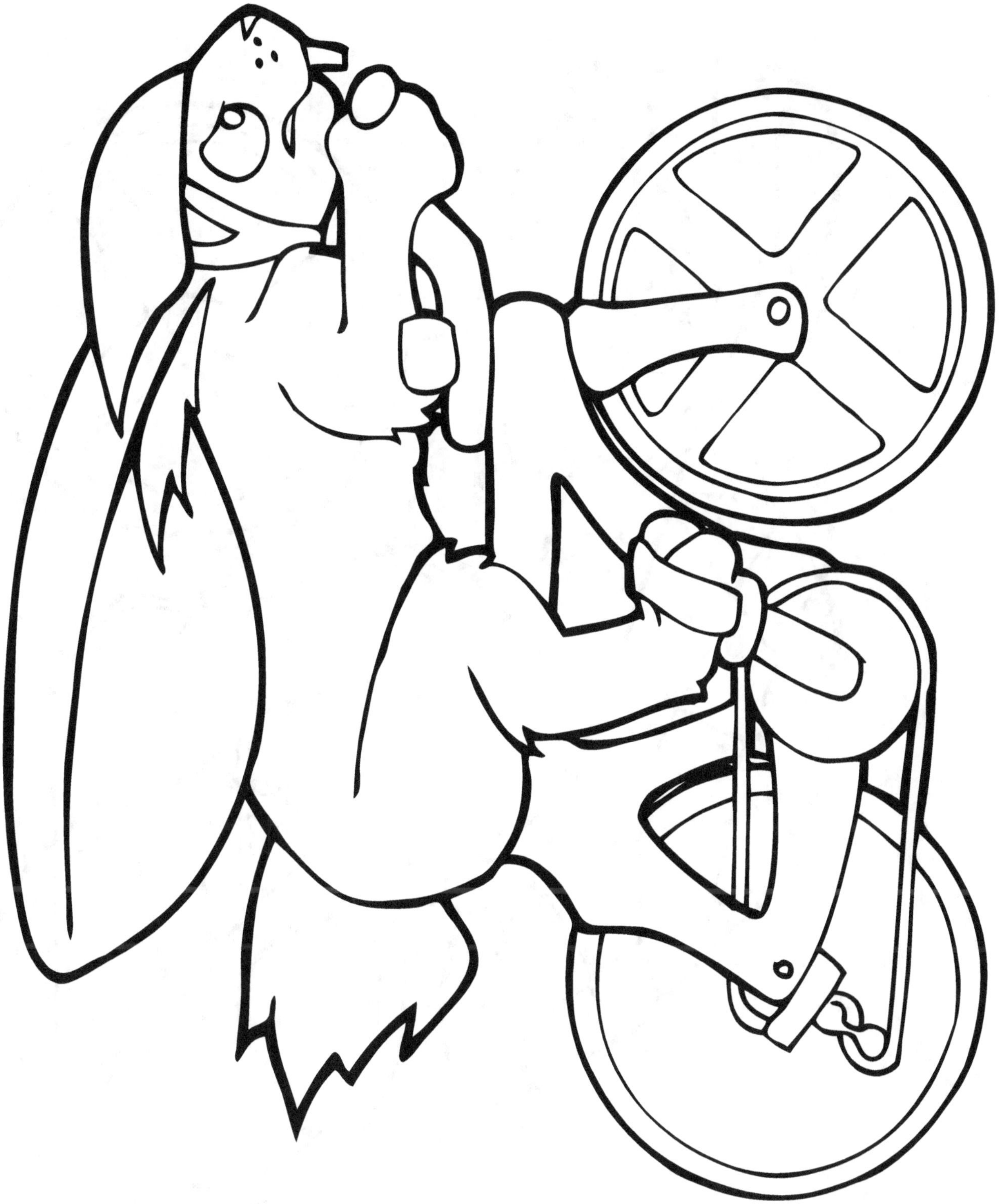

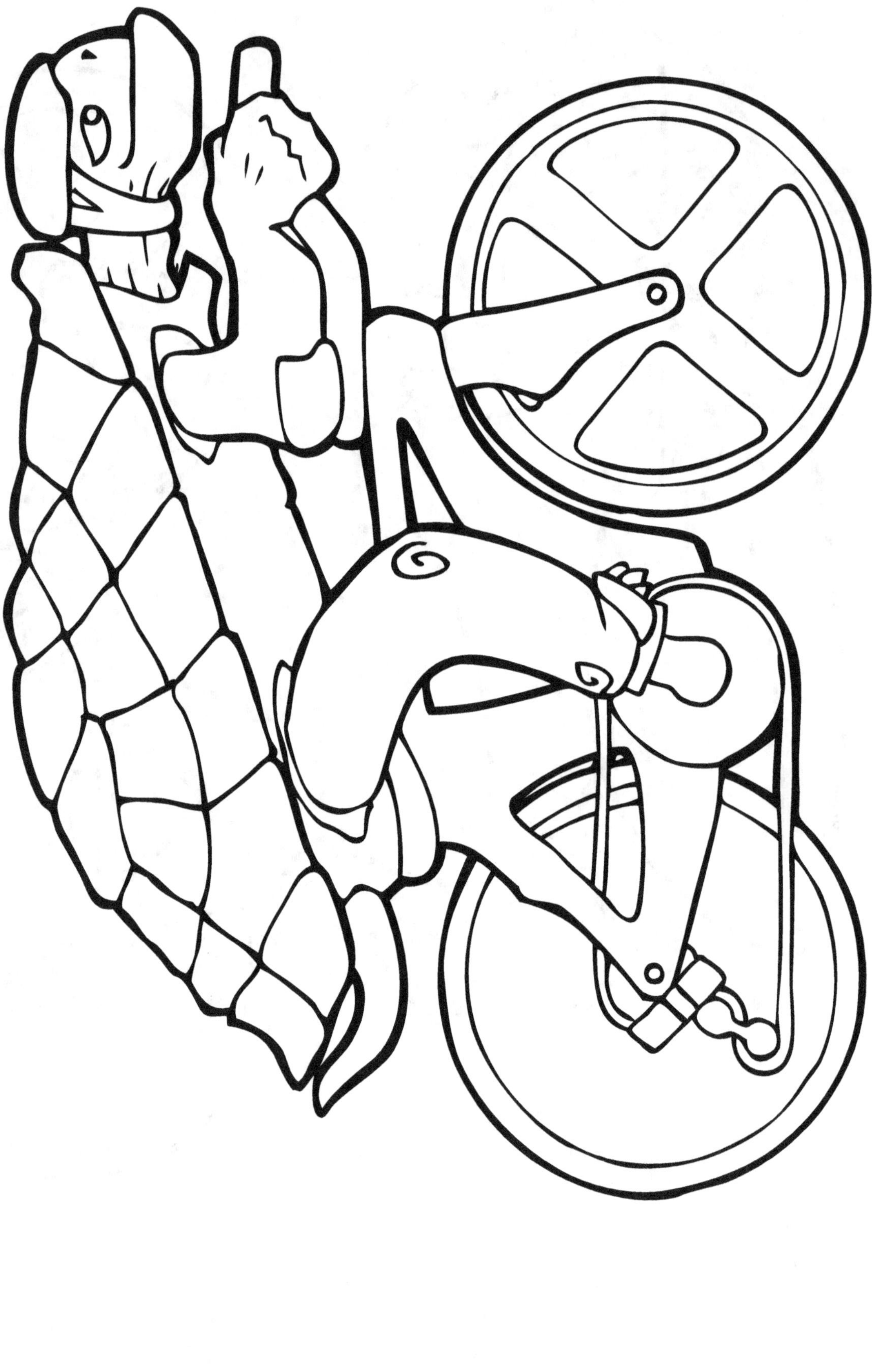

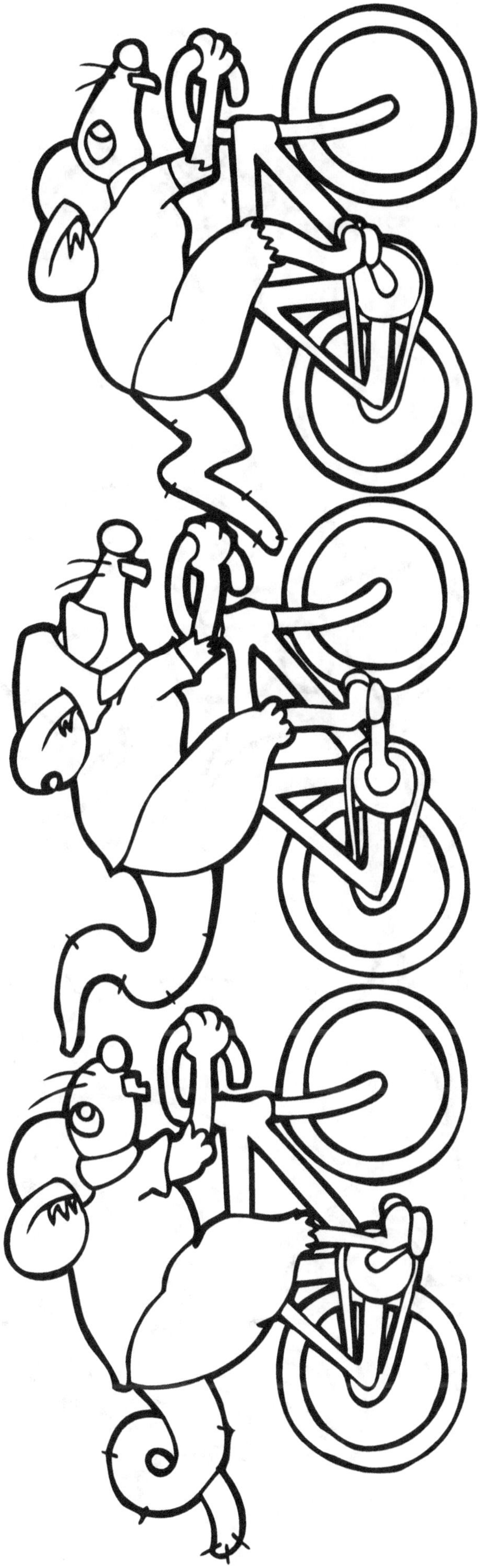

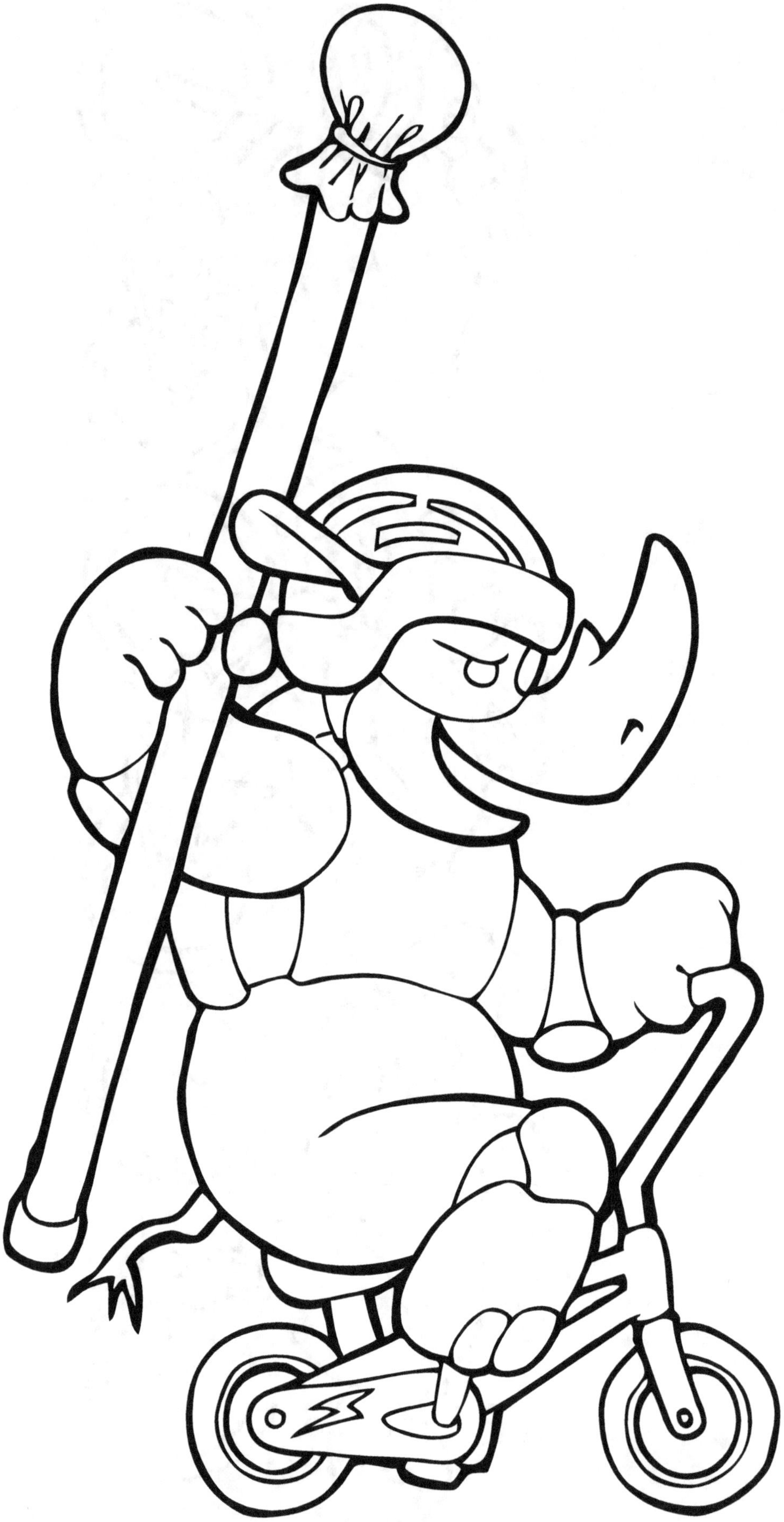

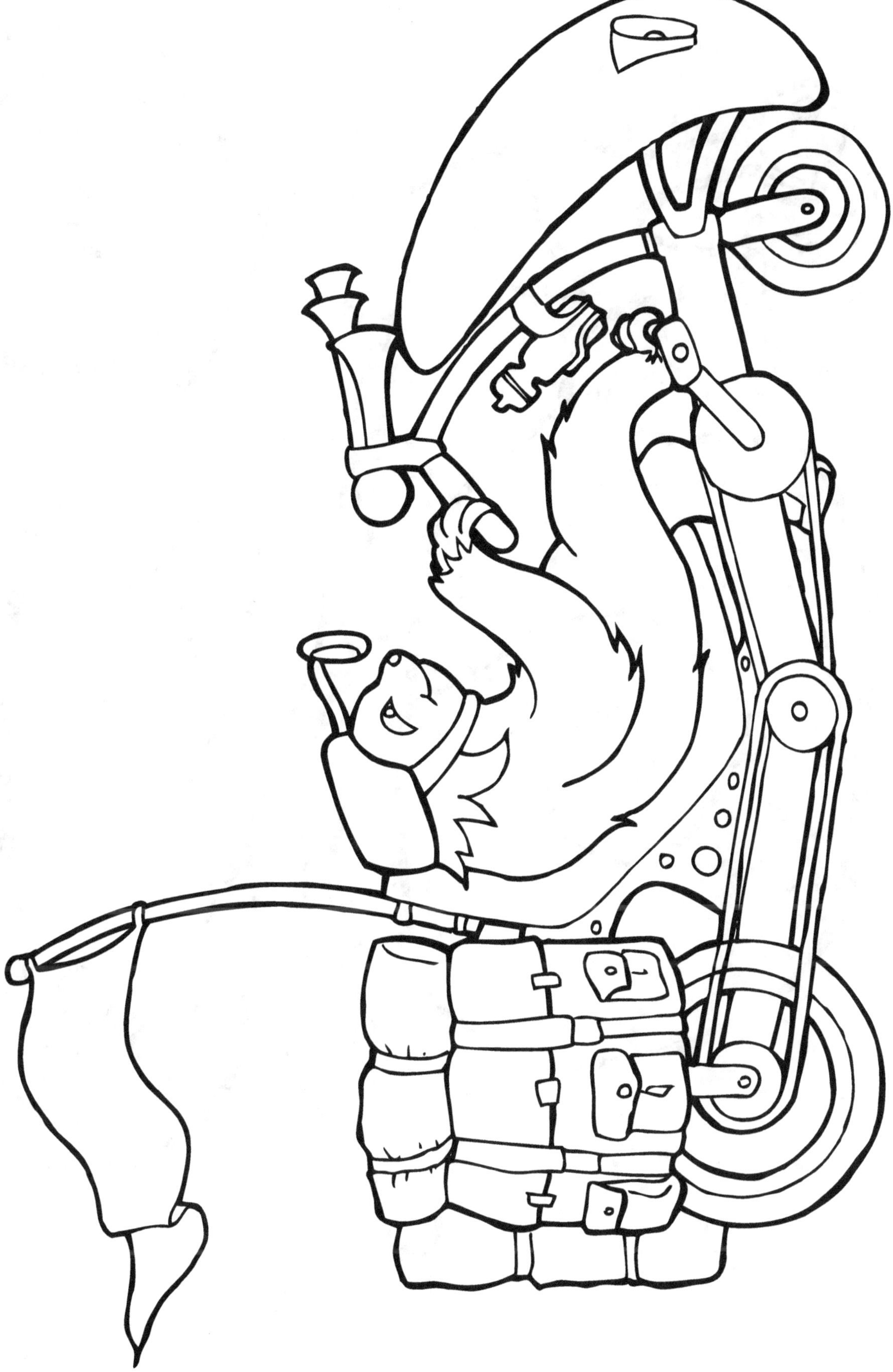

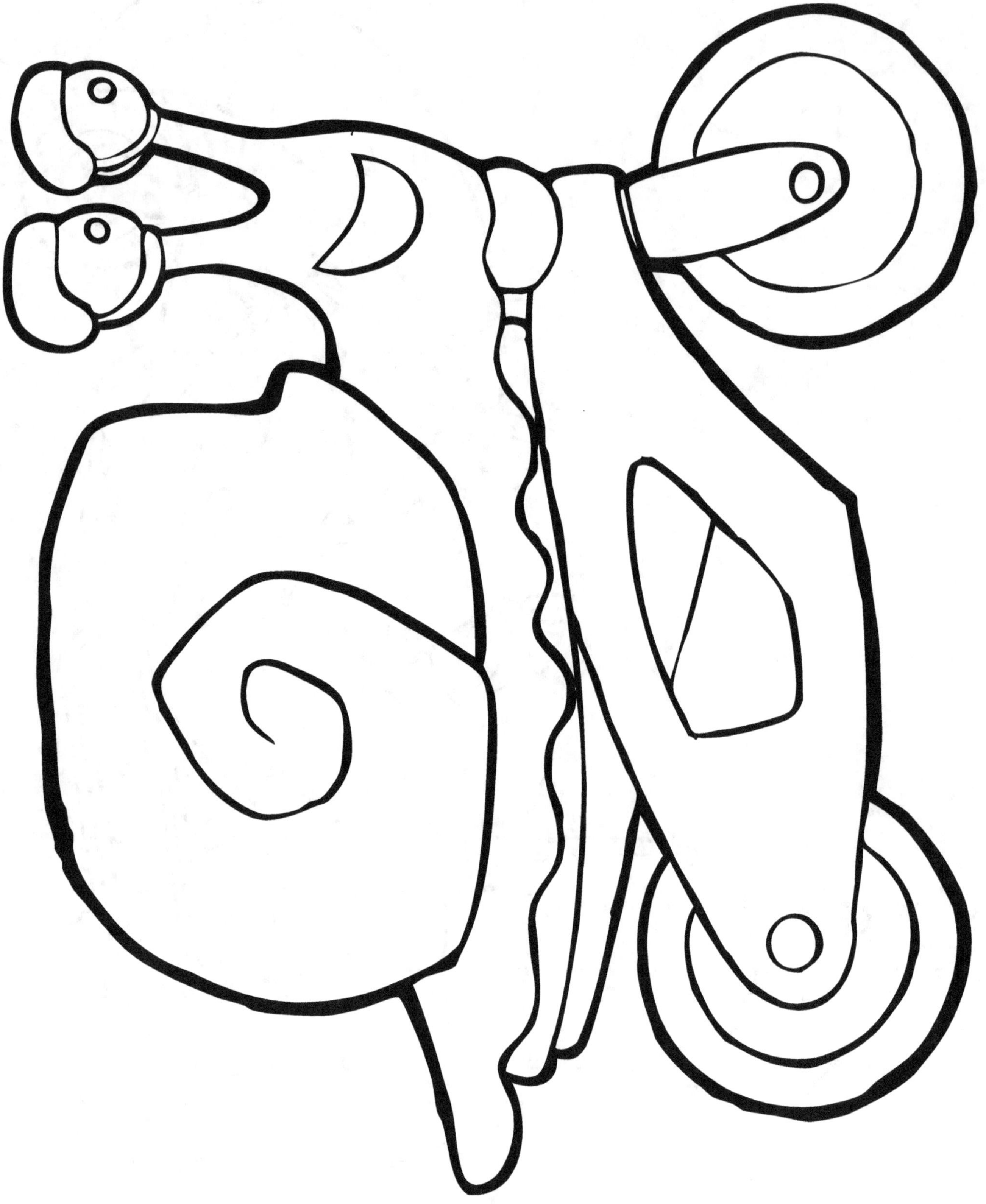

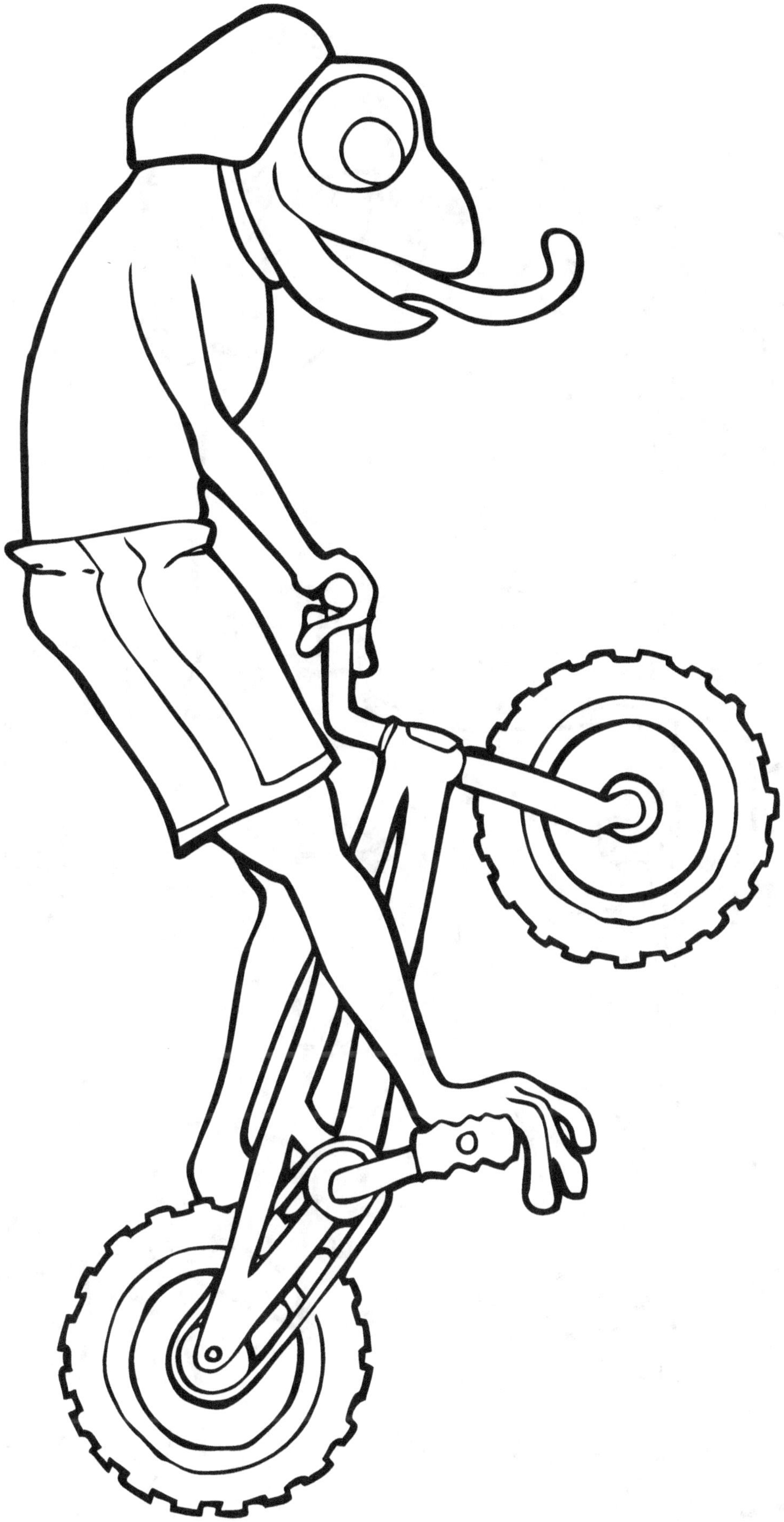

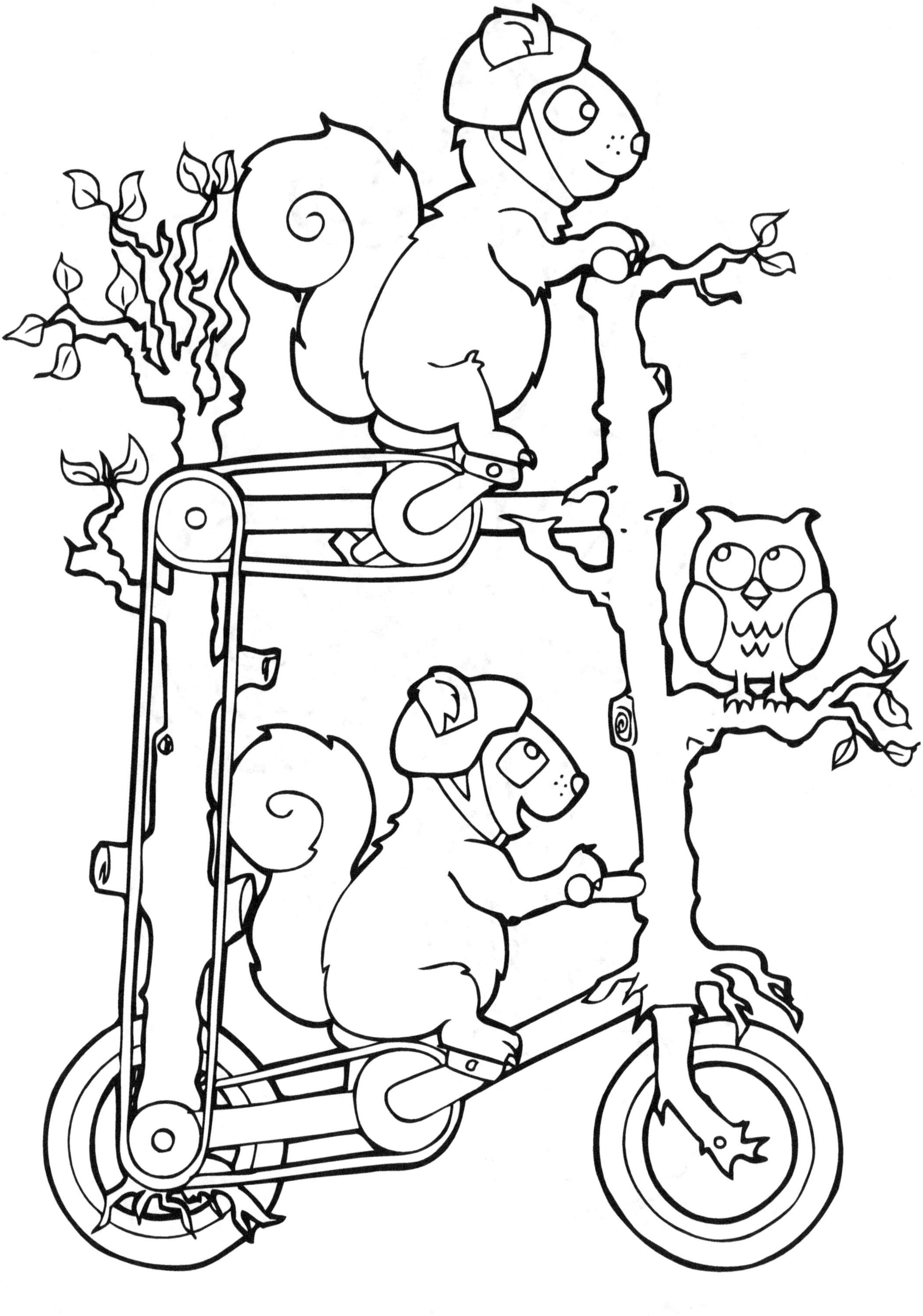

www.ingramcontent.com/pod-product-compliance
Lightning Source LLC
Chambersburg PA
CBHW081421170526
45166CB00010B/3428
* 9 7 8 1 4 7 5 1 2 4 7 3 6 *